Martin W. Huff
Justiz und Öffentlichkeit

Schriftenreihe
der
Juristischen Gesellschaft zu Berlin

Heft 146

W
DE
G

1996
Walter de Gruyter · Berlin · New York

Justiz und Öffentlichkeit
Information ist auch eine Aufgabe der Gerichte

Von Martin W. Huff

Überarbeitete und ergänzte Fassung eines Vortrages
gehalten vor der
Juristischen Gesellschaft zu Berlin
am 17. Januar 1996

W
DE
G

1996

Walter de Gruyter · Berlin · New York

Martin W. Huff,
Rechtsanwalt in Gründau-Rothenbergen,
Mitglied der Wirtschaftsredaktion
der Frankfurter Allgemeinen Zeitung, Frankfurt am Main

♾ Gedruckt auf säurefreiem Papier,
das die US-ANSI-Norm über Haltbarkeit erfüllt.

Die Deutsche Bibliothek – CIP-Einheitsaufnahme

Huff, Martin W.:
Justiz und Öffentlichkeit : Information ist auch eine Aufgabe
der Gerichte ; überarbeitete und ergänzte Fassung eines
Vortrages, gehalten vor der Juristischen Gesellschaft zu Berlin,
am 17. Januar 1996 / Martin W. Huff. – Berlin ; New York : de
Gruyter, 1996
   (Schriftenreihe der Juristischen Gesellschaft zu Berlin ; H. 146)
   ISBN 3-11-015360-2
NE: Juristische Gesellschaft <Berlin>: Schriftenreihe der Juristischen
   ...

A. Vortrag[1]

I. Einleitung

„Nicht der Gesetzgeber allein, sondern erst der Richter ist das Scharnier zwischen Gesetz und Ethik ...Wir erleben in unserer heutigen Mediengesellschaft täglich erneut, welche positiv formulierten Gerechtigkeitserwartungen der Öffentlichkeit sich an die Richter richten. Natürlich setzt sie das einem häufig nicht ganz leicht zu ertragenden psychologischen Druck aus. Auf der anderen Seite ermahnt dieser Druck sie an ihre Verantwortung, lebensnahe und gerechte Urteile zu fällen. Lassen Sie mich aber gleich folgendes hinzufügen: Das bedeutet keineswegs, daß der Richter stets im Sinne der Erwartungen der Medien entscheiden sollte. Selbstverständlich muß der Richter den Fall besser kennen als die Medien. Die Lebensnähe, die die Medien von ihm erwarten, kann auch bedeuten, daß die Entscheidung anders ausfällt, als es die Medien sich vorgestellt haben."

Meine sehr verehrten Damen und Herren!

Diese Aussagen von Bundespräsident Roman Herzog im Oktober 1995[2] möchte ich an den Anfang meiner Ausführungen stellen. Denn sie enthalten für mich erstaunliche Ansatzpunkte. Zum einen werden Öffentlichkeit und Medien gleichgestellt. Schon dieses wage ich zu bestreiten. Zum anderen bezweifle ich, daß Richter Sachverhalte immer besser kennen als die Medien. Die Aussage mag sich auf die Aktenlage beziehen, nicht aber auf den Lebenssachverhalt, der einem Zivil-, Straf- oder Verwaltungsprozeß zugrunde liegt. Meine eigenen Erfahrungen sind hier anders.

„Justiz und Öffentlichkeit" sind zwei Begriffe, die in den letzten beiden Jahren besonders in den Blickpunkt von Juristen und Journalisten geraten sind. So wird zum Beispiel die Öffentlichkeitsarbeit deutscher Gerichte kritisch beurteilt[3] und zwar nicht erst seit der Kruzifix-Entscheidung des Bundesverfassungsgerichts[4]. Sie hat im übrigen, wie auch die bei den „Soldaten sind Mörder"-Entscheidungen, die Öffentlichkeit mehr beein-

---

[1] Überarbeitete und ergänzte Fassung des Vortrages vor der Juristischen Gesellschaft zu Berlin am 17. Januar 1996. Die Vortragsform wurde beibehalten.

[2] Ansprache beim Festakt aus Anlaß der 500. Wiederkehr der Gründung des Reichskammergerichts in Karlsruhe am 31. 10. 1995.

[3] Siehe Huff, DRiZ 1993, 207 mit Erwiderung Geiger, DRiZ 1993, 378 und Stellungnahme Zülch, DRiZ 1994, 36.

[4] Dazu nur Zuck, NJW 1995, 2903 und Roelleke, NJW 1995, 2101 und dazu das Echo in NJW Heft 6/96 Seite XVIII ff.

flußt, als man vielleicht denkt, folgt man jedenfalls den Aussagen des Allensbacher Institutes für Demoskopie[5]. Dessen Fragestellungen waren meines Erachtens jedoch nicht immer so eindeutig, setzten zuviel an Fachkenntnis voraus oder gaben zu wenige Antwortmöglichkeiten vor.

Und von seiten der Gerichte wird immer wieder die Art und Weise der Medienberichterstattung kritisiert. „Eine gewisse Achtung muß bleiben", erklärte beispielsweise Rainer Voss, der Vorsitzende des Deutschen Richterbundes[6], nach den zum Teil heftigen Angriffen auf deutsche Gerichte. Aber vieles an der Kritik ist meines Erachtens durch eine schlechte Informationspolitik der Gerichte selbst verursacht worden. Sie verstehen es bis zum heutigen Tag oft nicht, ihre Entscheidungen der Öffentlichkeit zu vermitteln und vergessen dabei, vielleicht weil es schon zu oft gesagt worden ist, daß sie „Im Namen des Volkes" entscheiden[7].

Aber auch die Frage, wieviel Öffentlichkeit Ermittlungs- und Gerichtsverfahren vertragen können oder ertragen müssen, wird wieder kontrovers diskutiert. So hat der Frankfurter Generalstaatsanwalt Hans Christoph Schaefer vielleicht etwas voreilig auf einer Podiumsdiskussion[8] die Forderung aufgestellt, daß generell über Ermittlungsverfahren nicht mehr berichtet werden dürfe. Schaefer hatte an Verfahren rund um Kindesmißbrauch oder Vergewaltigungen gedacht. Sein Ärger war zudem beim Betrachten einer Talk-Show entstanden, die bereits lange vor Vorliegen einer Anklage alle Aspekte des Verfahrens um die angebliche Steuerhinterziehung von Peter Graf vorgab, umfassend beleuchten zu können[9]. Natürlich hat Schaefer recht, wenn er gerade in angeblichen Sensationsfällen die Vorverurteilungen durch die Medien kritisiert. Aber in vielen Fällen wäre mit einem Verbot der Berichterstattung auch ein erheblicher Schaden für die Bürger verbunden. Es könnte dann nicht mehr vor Betrügern (gerade im Finanzbereich) gewarnt oder aber weitere wichtige Zeugen gefunden werden[10]. Zudem ist die Aussage von Schaefer auch in bezug auf Staatsan-

---

[5] „Hüter oder Herrscher" – Die öffentliche Wahrnehmung des Bundesverfassungsgerichts, F.A.Z. vom 25. 10. 1995, Seite 5.

[6] ZRP-Rechtsgespräch, ZRP 1995, 226 ff., dazu Huff, ZRP 1995, 354. Ausführlich auch Schellenberg, ZRP 1995, 41 ff., der als Richter auch Selbstkritik übt.

[7] Dies verkennt zum Beispiel Geiger, DRiZ 1993, 378, der meint, daß Urteile – auch eines oberen Gerichts – nur für die Parteien des Rechtsstreits getroffen werden.

[8] Tagung der Staatsanwaltschaft bei dem Landgericht Limburg zu „Öffentlichkeit im Strafverfahren" am 12. 10. 1995.

[9] So Schaefer jetzt selber in seinem Kommentar zu Vorverurteilungen, NJW 1996, 496.

[10] Die Sendung „XY-ungelöst" im ZDF und weitere gleichartige Sendungen privater Fernsehanstalten hätte dann keine Chance auf ein Weiterbestehen mehr.

wälte und besonders die „medienerfahrene" Staatsanwaltschaft Frankfurt am Main wohl nicht überlegt gewesen. Denn: Nutzen nicht deutsche Staatsanwälte zunehmend die Medien geschickt und geplant für ihre Interessen? Geht nicht oft ein deutscher Staatsanwalt heute sehr viel früher mit seinen Ermittlungen in die Öffentlichkeit, um ein bestimmtes Ergebnis zu erzielen? Ein Verhalten, daß vor Jahren noch undenkbar war. Und immer häufiger scheinen auch präventive und abschreckende Aspekte in diese Öffentlichkeitsarbeit einzufließen. So gerade bei den Ermittlungsverfahren wegen Steuerhinterziehung im Zusammenhang mit nicht versteuerten Kapitaleinkünften aus Geldanlagen z. B. in Luxemburg. Hier ist es doch erreicht worden, daß immer mehr Steuerpflichtige eine Selbstanzeige nach den Vorschriften der Abgabenordnung erstatten. Sie selber gehen straffrei aus, aber die Steuerfahndung und die Staatsanwälte haben dann freie Bahn für die Ermittlungen gegen das entsprechende Kreditinstitut und seine Mitarbeiter, für die dann die Selbstanzeige nicht mehr in Betracht kommt, weil die Tat ja schon offenbart ist. Die an Bürger versandten Fragebögen sprechen hier eine sehr deutliche Sprache[11]. Die bisherigen Leitlinien der Staatsanwaltschaften[12] sind eher auf die Beantwortung von Fragen der Medien ausgerichtet, aktive Medienstrategien der Behörden kommen hier nur zwischen den Zeilen vor. Sicher ist Information nicht nur eine Aufgabe der Gerichte, sondern auch der Staatsanwaltschaften. Nur wird hier mit anderen Maßstäben gemessen werden müssen, denn ein Ermittlungsverfahren ist natürlich etwas anderes als eine erhobene und zugelassene Anklage. Und wer weiß wie schnell ein Ermittlungsverfahren eingeleitet werden kann, weiß umsomehr über die Schwierigkeiten einer Berichterstattung in diesem Zusammenhang. Hier dürfen Veränderungen nicht unbeachtet bleiben.

Und wie sieht es mit der Fernsehberichterstattung aus Gerichtssälen aus? Das Bundesverfassungsgericht hat mit seinem Beschluß vom 11. Januar 1996[13] den Antrag des privaten Senders n-tv zurückgewiesen, aus dem Strafprozeß gegen Egon Krenz und andere während der Hauptverhandlung live oder zeitversetzt berichten zu dürfen. Darauf werde ich am Ende des Vortrages noch näher eingehen.

Die drei geschilderten Komplexe zeigen die schwierige Beziehung „Justiz und Öffentlichkeit" auf die ich, wenigstens ansatzweise, eingehen möchte.

---

[11] Siehe ausführlich dazu Huff, Blick durch die Wirtschaft vom 22. 2. 1996, Seite 11.

[12] Z. B. „Richtlinien für die Zusammenarbeit der Staatsanwaltschaften mit den Medien" des hessischen Generalstaatsanwalts vom 5. 10. 1995, veröffentlicht in NJW 1996, 979 mit Erläuterung Schroers, NJW 1996, 969.

[13] 1 BvR 2623/95 – NJW 1996, 581 m. Besprechung Huff, NJW 1996, 571 ff.

II. „Information als Aufgabe der Gerichte"[14]

Immer öfter stellen sich nicht nur Richter, sondern auch Juristen überhaupt die Frage, warum so viel Falsches und Ungenaues über Entscheidungen, vom Amtsgericht bis zum Bundesverfassungsgericht, vom erstinstanzlichen Verwaltungsgericht bis zum Bundessozialgericht, berichtet wird. Ich möchte mich nicht mit der Kruzifix-Entscheidung oder anderen Entscheidungen der Karlsruher Verfassungsrichter, sondern mit den eher allgemeineren Fragen aus meiner nunmehr gut zehnjährigen Erfahrung als Fach- und Tageszeitungsjournalist befassen.

Sie sehen heute mit mir einen Vertreter einer besonderen Spezies von Juristen, aber auch einer besonderen Spezies des Journalisten, vor sich. Nämlich jemanden, der hauptberuflich versucht, Fragen des Rechts den Lesern einer großen Tageszeitung, der Frankfurter Allgemeinen Zeitung, verständlich zu machen. Dies mußte und muß ich täglich üben, fällt mir mal leichter und mal schwerer, ist aber jeden Tag wieder reizvoll.

Und diese Spezies der Journalisten ist in Deutschland nicht sehr zahlreich. Mir fallen gerade 30 bis 40 Kolleginnen und Kollegen ein, die dies hauptberuflich – für Tageszeitung, Magazine, Hörfunk und Fernsehen – tagtäglich versuchen[15]. Nebenberufliche Tätigkeiten sind hier schon verbreiteter, Schlagzeilen hat ja zum Beispiel ein Vorsitzender Richter einer berühmt gewordenen Strafkammer des Landgerichts Berlin gemacht. Seine schreibende Tätigkeit unter einem Pseudonym war in Fach- und Journalistenkreisen bekannt, nicht aber in der breiten Öffentlichkeit. Aber auch Rechtsanwälte versuchen sich immer wieder gerade im schreibenden Bereich, wenn dies des öfteren eher wie die Veröffentlichung von Schriftsätzen denn als journalistische Arbeit anmutet.

1. Vermittlung von Rechtsbewußtsein

Nach jahrelanger Tätigkeit in der juristischen Berichterstattung bin ich immer mehr davon überzeugt, daß die richtige und umfangreiche Berichterstattung über die Tätigkeit unserer Justiz mit einer der besten Wege ist, Rechtsbewußtsein in der Bevölkerung zu schaffen, über den Sinn und fragwürdige Auswüchse unseres Rechtsstaates zu berichten, den Bürgern die Möglichkeit zu geben, sich über neue Entwicklungen zu informieren und damit lebendigen Anteil an unserer Rechtsordnung zu haben. Bisher verkennen viele Richter dies und berauben sich damit einer der besten

---

[14] S. dazu Huff, F.A.Z. vom 6. Juli 1995, Seite 12; ders., DRiZ 1993, 202; ders., DRiZ 1994, 150.

[15] Zusammengeschlossen sind sie im übrigen im wesentlichen in der Justizpressekonferenz Karlsruhe e. V., einem Verein, der immer wieder versucht, mit Richtern und Gerichten ins Gespräch zu kommen.

Möglichkeiten unser sehr kompliziertes Rechtssystem der Öffentlichkeit zu verdeutlichen. Dabei erfüllt die Information über die Arbeit der Gerichte verschiedene Aufgaben. Zum einen soll gerade bei den Entscheidungen oberer oder letzter Instanzen die Rechtsprechung und im besonderen ihre Begründung aufgezeigt werden. Zum anderen, und diese Funktion wird mir immer wichtiger, hat die Information über Gerichte auch eine stark präventive Wirkung. Wird nämlich über neue Entscheidungen, über die Klärung von Streitfragen, der Beilegung eines Streites, schnell und zutreffend berichtet, so können weitere Prozesse verhindert werden, die ansonsten unser Justizsystem unnötig belasten.

Nehmen Sie als Beispiel die Berichterstattung über den Zusammenbruch des Reiseveranstalters MP-Travel Line International GmbH und die immer noch nicht entschiedene Frage der Haftung der Bundesrepublik Deutschland[16]. Dadurch, daß die Medien ausführlich über die Musterverfahren berichtet haben, warten viele der Geschädigten ab, was der Europäische Gerichtshof[17] jetzt entscheidet. Um unnötige Klagen zu vermeiden hat auch das Bundesjustizministerium auf die Einrede der Verjährung verzichtet, wenn die Betroffenen sich beim Ministerium melden[18]. Und zu Recht hat in diesem Zusammenhang das Landgericht Bonn[19] entschieden, daß Verfahren bis zur Entscheidung des EuGH gemäß § 148 ZPO auszusetzen sind. Es ist nicht verständlich, warum hier die Kläger, obwohl sie anwaltlich vertreten waren, sich einer solchen Aussetzung widersetzt haben. Dies ist meines Erachtens ein Musterbeispiel dafür, wie unsere Justiz auch durch die Medien entlastet werden kann.

Aber von selber berichten die Gerichte noch viel zu wenig über ihre Verfahren. Bei aller Kritik an der Veröffentlichungspraxis muß man allerdings festhalten: In den letzten Jahren ist die Zahl der Pressemitteilungen gerade der obersten Bundesgerichte kontinuierlich angestiegen. Hier die Aufstellung für das Jahr 1995:

BVerfG	50	„Verlautbarungen der Pressestelle"
BGH	76	Pressemitteilungen
BFH	22	Pressemitteilungen
BVerwG	39	Pressemitteilungen
BAG	72	Pressemitteilungen
Gesamt	261	Pressemitteilungen

---

[16] Zum Musterverfahren siehe LG Bonn, EuZW 1994, 442 m. Anm. Huff, EuZW 1994, 446. Zum Sachzusammenhang siehe auch Huff, EuZW 1993, 521.
[17] Aktenzeichen Rs C-178/94 – Dillenkofer u. a.
[18] Siehe auch Huff, F.A.Z. vom 14. 2. 1996.
[19] EuZW 1996, 159.

Für das Bundessozialgericht (BSG)[20] gelten besondere Regelungen, da hier kurz und leider kaum verständlich, über jede Entscheidung, sowohl in einer Vorankündigung als auch nach einer Entscheidung, berichtet wird[21].

Hinzu kommt noch, daß sowohl der Bundesfinanzhof[22], als auch das Bundesarbeitsgericht[23] in Zukunft bereits über anhängige Verfahren wesentlich intensiver als bisher berichten wollen. Beim BFH geschieht dies durch regelmäßige Veröffentlichungen im Rahmen einer eigenen Datenbank und im Bundessteuerblatt, beim BAG durch ein besonderes Angebot im Juris-System[24].

Das Interesse der Bevölkerung an Rechtsfragen ist groß. So verkaufte sich das „Verbraucherrechtsjahrbuch" der Stiftung Warentest[25] einige zehntausendmal, Sonderhefte zum Mietrecht und „Richtig Reklamieren" erreichen locker Auflagen von 150 000 Exemplaren, Rechtsratgeber haben Hochkonjunktur und werden sogar als teure Loseblattwerke „Rechtstips" zehntausendfach gekauft.

Auch die Berichterstattung über Gerichtsentscheidungen wird von unseren Lesern aufmerksam verfolgt, führt zu zahlreichen Anfragen bei den entsprechenden Gerichten[26] und wird sogar vielfach ausgeschnitten und zum Teil jahrelang gesammelt[27]. Zu manchen Entscheidungen entspinnt sich eine fruchtbare Korrespondenz, bei der man sehr viel an Hintergrundinformationen bekommen kann. Es gibt aber auch die Androhung rechtlicher Schritte, weil man über ein Verfahren berichtet hat.

Es zeigt sich, daß in einer Gesellschaft, in der man oftmals nicht mehr in der Lage ist, miteinander zu reden und in der offenen Auseinandersetzung Probleme zu lösen, müssen die Gerichte – wie der Bundesgerichtshof vor kurzem zur Überwachung eines Weges und damit auch eines Nachbarn mit der Videokamera[28] – entscheiden und sie müssen sich ihrer Funktion und ihrer Bedeutung bewußt sein. „Gerichtsurteile gehören in die Öffentlichkeit", so habe ich 1994 einen Gastkommentar in der Deutschen Richter-

---

[20] Besonderheit deswegen, weil hier durch den jeweiligen Senat eine Kurzfassung gegeben wird, die allerdings kaum für eine Presseveröffentlichung geeignet ist.

[21] Allerdings hat der neue Präsident des BSG, Matthias von Wulffen, hier Änderungen angekündigt.

[22] Siehe Huff, Blick durch die Wirtschaft vom 19. 1. 1996, Seite 1.

[23] Siehe Huff, Blick durch die Wirtschaft vom 20. 2. 1996, Seite 9.

[24] Wobei sich die entsprechende Pressemitteilung des Gerichts vom 20. 2. 1996 allerdings eher als eine Werbeanzeige für Juris liest, als denn eine Mitteilung eines obersten Bundesgerichts.

[25] Herausgegeben von Huff/Keßler, zuletzt 4. Aufl. 1993.

[26] Die allerdings oft gegen ein nicht gerade geringes Entgeld Entscheidungskopien versenden, statt auf Veröffentlichungen der Entscheidungen hinzuweisen.

[27] Und zur Verblüffung des Autors mit Nachfragen, wenn es für den Leser wichtig wird, wieder aufgegriffen wird.

[28] BGH, Urteil vom 25. 4. 1995 – VI ZR 272/94.

zeitung[29] überschrieben und dieser Grundsatz ist mir sehr wichtig. Denn
nur so lassen sich Mißverständnisse vermeiden, unnötige Kommentierun-
gen und Ängste abbauen, an Fälle wie Deckert, Soldatenurteil[30] oder Kon-
sum von Haschisch-Entscheidung darf ich erinnern.

„Erst lesen – dann kommentieren", sollte der Grundsatz besonders für
Politiker sein, weil dieser leider selten befolgt wird. Dies läßt sich nicht nur
bei „großen Entscheidungen" beobachten[31], sondern oft auch bei ganz normalen Urteilen. Ein Beispiel: Am 17. 3. 1992 verkündete der Bundesgerichtshof sehr spät am Nachmittag eine Entscheidung aus dem Straßenver-
kehrsrecht. Wer die ersten Meldungen und Kommentare hörte, konnte
denken, daß der Bundesgerichtshof jetzt ein Tempo 130 auf Autobahnen
vorgeschrieben habe. So forderten auch wenige Minuten später Verkehrs-
politiker schon eine gesetzliche Verankerung der Entscheidung oder aber
eine Klarstellung durch den Gesetzgeber, daß das Urteil falsch sei. Doch
dabei ging es um etwas völlig anderes: Der BGH hat[32] lediglich entschieden, daß derjenige, der bei einer Geschwindigkeit über 130 Stundenkilo-
metern auf Autobahnen in einen Unfall verwickelt wird, sich nicht mehr
auf den Unabwendbarkeitbeweis des § 7 StVG stützen kann. Nicht mehr
und nicht weniger.

2. Aufgaben der Medien

Die Aufgaben der Printmedien bei ihren Berichten über juristische Sachverhalte und insbesondere über Gerichte und Gerichtsentscheidungen sind
verschiedener Art:

a) Die aktuelle Berichterstattung über Gerichtsverfahren

Hier kann die Berichterstattung sowohl über das laufende Verfahren als
auch über die Entscheidung erfolgen. Dabei gilt die Zielrichtung nicht nur
dem interessierten Laien, sondern zunehmend auch dem Juristen, vom An-
walt bis zum Richter selbst. Denn in unserer schnellebigen Zeit kann recht-
zeitige Information bares Geld oder eine richtige Entscheidung wert sein.
Die Veröffentlichung in den Fachzeitschriften erfolgt in der Regel erst Mo-
nate später. Zwar versuchen die juristischen Verlage durch immer neue

---

[29] DRiZ 1994, 150.
[30] NJW 1994, 2943 und NJW 1995, 3303 ff., dazu zuletzt Gounalakis, NJW 1996,
481 ff.
[31] So kam es neunzehn Minuten nach der Verkündung des zweiten Soldatenbeschlus-
ses des BVerfG zu den ersten Stellungnahmen von Politikern über die Nachrichtenagenturen, obwohl diese die nicht gerade kurzen Ausführungen des Gerichts noch
gar nicht gelesen haben konnten (siehe NJW 1995, 3303 ff.).
[32] Zum Nachlesen BGH, NJW 1992, 1684.

Zeitschriften diesen „time-lag" aufzufangen, aber gelingen wird ihnen dies sicher nicht in allen Fällen.

b) Grundlegende Informationen zu allgemeinen Fragen (Servicefunktion)

Als Beispiele seien genannt
– Urlaubszeit
– Mietärger
– Neue Gesetze und Verordnungen
– Bewirtungsrechnungen[33]
– Familienrecht
– nichteheliche Lebensgemeinschaft
– Finanzierung/Kapitalanlage

Dabei liegt hier eine große Chance für Gerichte. Warum denken sie eigentlich nicht daran, zur Urlaubszeit noch einmal über Reiseurteile in einem OLG-Bezirk, im Winter über die Regeln zur Räum- und Streupflicht zu berichten? Warum faßt eine Gerichtspressestelle nicht Gerichtsurteile zum Mietrecht zusammen, wenn es beispielsweise eine neue Leitentscheidung zur Wirksamkeit eines Mietspiegels gibt?

c) Rechtsrubriken

Zum Beispiel:
– Verkehrsrecht
– Verbraucherfrage
– Steuerfragen
– Mieterfragen

Gerade in Regionalzeitungen gewinnen diese Rubriken immer mehr an Bedeutung und erfreuen sich ausgesprochen großen Leserinteresses.

3. Umfang der Berichterstattung

In Vorbereitung auf diesen Vortrag habe ich einmal gezählt, über wieviel Gerichtsentscheidungen ich 1995 berichtet habe. Bei meiner Zählung bin ich auf knapp 200 Gerichtsurteile gekommen[34]. Eine Zahl, die mich selber überrascht hat, weil sie immer weiter leicht ansteigt, vielleicht aber auch etwas von den Schwierigkeiten aufzeigt, in erheblichem Umfang über doch

---

[33] Blick durch die Wirtschaft vom 23. 3. 1995.
[34] EuGH 19, BVerfG 15, BGH 50, BFH 25, BAG 15, BVerwG 3, BSG 11, Finanzgerichte 13, Zivilgerichte 34, Verwaltungsgerichte 4 Entscheidungen, Gesamt 189 Entscheidungen.

sehr unterschiedliche Themenkomplexe zu berichten. Rechnet man hinzu, daß auch meine Kolleginnen und Kollegen über Gerichtsentscheidungen in erheblichem Umfang schreiben, so kann man festhalten, daß täglich über mindestens zwei bis drei Gerichtsverfahren alleine in der Frankfurter Allgemeinen Zeitung berichtet wird.

Damit macht die „reine Urteilsberichterstattung" rund 55 Prozent meiner eigenen Beiträge aus (1995: 347 Beiträge). Dabei ist allerdings nicht berücksichtigt, was (Gott sei Dank) auch 1995 nicht so sehr der Fall war (außer dem Fall des Börsenhändlers Nick Leeson[35]), daß es auch laufende Prozeßberichterstattungen gibt. So wollte und später mußte ich über den „Coop-Prozeß" berichten, gut sechzig Verhandlungstage der rund 100 Hauptverhandlungstage habe ich vollständig oder teilweise miterlebt. Neue Verfahren (Bauunternehmer Jürgen Schneider etc.[36]) stehen bevor.

Zum Umfang der Berichterstattung gehört noch:

– Jahrespressekonferenzen der obersten Bundesgerichte[37]. Dabei werden hier neben dem Rückblick auf das abgelaufene Jahr und die Bewertung der Gerichtstätigkeit auch die Hinweise über diejenigen Verfahren immer wichtiger, über die das jeweilige Gericht im laufenden Jahr entscheiden wird.

– Laufende Berichterstattung über juristische Entwicklungen, so zum Beispiel Verfassungsbeschwerden rund um die Pflegeversicherung[38], aber auch über berufspolitische Entwicklungen wie die Satzungsversammlung der Rechtsanwälte[39].

– Tagungen (Deutscher Anwaltstag/Verkehrsgerichtstag/Steuerberatertag etc.)

– Personalien (hier wächst das Interesse deutlich)

– Beobachtung von Gesetzesvorhaben (Jahressteuergesetz 1996, Ergänzungsgesetz). So macht zum Beispiel der halbjährliche Gesetzgebungsüberblick, auf den wir allerdings auch nicht verzichten wollen, viel Arbeit,

---

[35] Hier wurde beispielsweise in der F.A.Z. umfangreich über die Rechtsfragen des Auslieferungsverfahrens berichtet.

[36] Der mich allerdings schon jetzt kräftig beschäftigt, siehe nur F.A.Z. vom 12. 12. 1995, Seite 21; vom 21. 12. 1995, Seite 17; vom 8. 2. 1996, Seite 17.

[37] Über die Gerichtstätigkeiten 1995 siehe meine Berichterstattung über das BAG, F.A.Z. vom 18. 1. 1996, Seite 11 und Blick durch die Wirtschaft vom 22. 1. 1996, Seite 1; zum BFH unter unterschiedlichen Aspekten: F.A.Z. vom 19.1.1996, Seite 14 und Blick durch die Wirtschaft vom 19. 1. 1996, Seite 1; zum Bundesgerichtshof, Blick durch die Wirtschaft vom 29. 1. 1996, Seite 9.

[38] F.A.Z. vom 29. 3. 1995.

[39] Siehe F.A.Z. vom 5. 2. 1996, Seite 14.

gibt auch dem Juristen die Möglichkeit sich im Überblick mit den Neuregelungen zu beschäftigen[40].

Der Umfang der Berichterstattung ist sehr unterschiedlich: Von der Kurzmeldung mit zehn Zeilen[41], über eine Meldung mit rund 30 Zeilen im Wirtschaftsteil[42], „gestandenen Dreispaltern" (80–120 Zeilen)[43] oder noch größere Beiträge[44] bis hin zu sogenannten Aufmachern, wie wir dies im Zeitungsjargon nennen, die eine besondere Bedeutung haben[45]. Hinzu kommen Glossen, also einer der beiden Kurzkommentare auf der ersten Seite des Wirtschaftsteils[46] oder auch in anderen Zeitungsteilen, zum Beispiel dem „Reiseblatt" am Donnerstag auf der ersten Seite[47]. Den Schwerpunkt der Berichterstattung bilden aber „normale" zwei- und dreispaltige Artikel.

Diese wenigen Beispiele sollen zeigen, wie vielfältig die Berichterstattung nur in der Frankfurter Allgemeinen Zeitung ist. Ähnlich berichten auch andere überregionale Zeitungen, aber auch die in Deutschland besonders wichtigen Lokalzeitungen.

Wer sich nur einen Tag lang die bei uns einlaufenden Meldungen der Nachrichtenagenturen anschaut, dem wird deutlich, das Gerichtsentscheidungen hierzulande einen ausgesprochen hohen Stellenwert haben.

Dabei wird den Medien immer wieder vorgeworfen, nicht objektiv zu berichten, Nachricht und Meinung zu verwischen, also nur ihre jeweilige Meinung zu vertreten. Eines wird verkannt: Selbst wenn ich objektiv, neutral und vom Standpunkt eines unbeteiligten Dritten über eine Gerichtsentscheidung berichte, so handele ich doch immer subjektiv. Denn als juristischer Redakteur kann ich in vielen Fällen alleine entscheiden, welche Entscheidungen ich für berichtenswert halte, welche ich aus der Vielzahl der Veröffentlichungen auswähle, welchen Stellenwert ich ihnen einräume.

---

[40] Siehe den ganzseitigen Beitrag F.A.Z. vom 22. 12. 1995, Seite 17.

[41] „Kein Gutachten zu Bananen" zu einer EuGH-Entscheidung, F.A.Z. vom 19. 12. 1995, Seite 15.

[42] „Sonderausgabenabzug für Bausparbeiträge entfällt", F.A.Z. vom 30. 12. 1995, Seite 12.

[43] „Kartenmißbrauch nicht wegen unsicherer Geheimzahl", F.A.Z. vom 3. 11. 1995, Seite 19.

[44] „Europas Richter durchlöchern das Transfer-System", zur Bosmann-Entscheidung des EuGH (jetzt NJW 1996, 505), F.A.Z. vom 16.12.1995, Seite 32.

[45] „Frauen dürfen nicht automatisch bevorzugt werden", F.A.Z. vom 18. 10. 1995, Seite 1 zum Kalanke-Urteil des Europäischen Gerichtshofes (EuGH, EuZW 1995, 762). „Stasi-Informanten dürfen Rechtsanwälte bleiben", F.A.Z. vom 29. 12. 1995, Seite 1.

[46] „Geheimverfahren" zum umstrittenen Verfahren zur schnellen Verabschiedung des Jahressteuer-Ergänzungsgesetzes 1996, F.A.Z. vom 22. 11. 1995, Seite 17.

[47] „Mehr Recht" zur Auseinandersetzung über die vertraglichen Pflichten des Reisebüros den günstigen Reiseveranstalter zu nennen, F.A.Z. vom 18. 1. 1996, Seite R 1.

Halte ich es nur für eine Meldung wert, oder schreibe ich einen großen Dreispalter, möglichst noch versehen mit einer Glosse? Dies ist in der heutigen Nachrichtenflut (alleine rund 1500 Agenturmeldungen am Tag) die eigentliche Gefahr, die Subjektivität eines Journalisten. Hier muß er Verantwortung zeigen, sich bewußt sein, daß er eine Diskussion anstoßen, unterstreichen oder aber auch zurechtrücken kann. Allerdings ist der Einfluß der Nachrichtenagenturen und ihre Vorauswahl der Informationen noch viel zu wenig erforscht. Denn sie bestimmen, gerade bei Lokal- und Regionalzeitungen, zum Großteil das Bild gerade der überregionalen politischen und wirtschaftlichen Berichterstattung. Was sie melden wird häufig nur leicht gekürzt, selten überprüft und meist „gläubig" übernommen. Man merkt dies, wenn man an einem Tag einmal die Meldungen in den verschiedenen Regionalzeitungen vergleicht und dabei besonders auf die Kürzel der Agenturen[48] achtet.

Nicht immer ist die Berichterstattung auch so, wie wir Juristen uns sie wünschen. Wer hat sich nicht schon über folgende Sachverhalte geärgert:

– falsche Gerichtsbezeichnungen (wie Oberlandesgericht Mannheim, Verfassungsgerichtshof Karlsruhe),
– falsche Aktenzeichen,
– falsche Bezeichnungen für Rechtsmittel (z. B. Verwechselung von Revision und Berufung),
– unsinnige Darstellungen, die nicht erkennen lassen, wer geklagt hat und worum es ging,
– Durcheinanderwerfen der verschiedenen Gerichtszweige,
– reiner Abdruck von Leitsätzen ohne jeglichen Hinweis, worum es ging,
– einseitige Berichterstattung aufgrund der Aussagen nur eines Beteiligten,
– Nichtangabe einschlägiger Gesetze.

Diese Liste ließe sich noch fortsetzen. Dabei liegen die Ursachen zum erheblichen Teil bei den Journalisten[49]. Oft ohne jegliche Aus- oder Fortbildung berichten sie über juristische Themen und dies dann mehr schlecht als recht. Fortbildungen wie sie das Oberlandesgericht Nürnberg im Rahmen einer „Volontärs-Woche" (wo junge Journalisten mit den Grundzügen des Rechts vertraut gemacht werden) anbietet, sind in Deutschland leider die Ausnahme.

Mitschuld tragen allerdings die Gerichte und ihre Richter. Ich weiß, daß viele von Ihnen dies nicht gerne hören.

---

[48] dpa, ap, rtr/Reuters.
[49] Zur Sorgfaltspflicht siehe sehr instruktiv AG Mainz, NStZ 1995, 347 m. Anm. Otto.

4. Der Weg von Entscheidungen in die Öffentlichkeit

Manche von Ihnen werden sich vielleicht fragen wie die Presse an die Urteile und Beschlüsse kommt. Hier die Wege:

a) Nachrichtenagenturen wie dpa, ap, reuter. Sie haben an den meisten Orten Journalisten (auch nebenberufliche), die für sie Informationen erfassen und an die Zentrale oder die entsprechenden Landesdienste weiterleiten. Sie sind jedoch in der Regel keine ausgebildeten Juristen. Eine Ausnahme bildet hier bei der Deutschen Presseagentur (dpa) beispielsweise das Büro Karlsruhe, das mit einem Juristen besetzt ist.

b) Pressemitteilungen von Unternehmen, Verbänden oder auch (was im juristischen Bereich selten ist) von Parteien. Hier wird leider meist sehr einseitig über den Ausgang des Verfahrens berichtet, nur der erfahrene Jurist kommt dahinter, daß doch nicht alles so ist, wie in der Pressemitteilung dargestellt. Ein Beispiel aus der Auseinandersetzung über die Zulässigkeit/Unzulässigkeit von Sachversicherungsverträgen mit zehnjähriger Laufzeit[50]. Nach einem Urteil des Oberlandesgerichts Düsseldorf[51] hatte die Versicherungswirtschaft kurz vor der mündlichen Verhandlung vor dem IV. Zivilsenat des BGH die Revision zurückgenommen. Danach begann eine Diskussion darüber, ob das Urteil Wirkung über den Einzelfall hinaus hat. Nachdem sich der Berliner Verbraucherschutzverein e. V.[52] der Sache angenommen und insgesamt 25 Versicherungen verklagt hatte, gaben etliche Landgerichte und Oberlandesgerichte den auf § 13 AGB-Gesetz gestützten Klagen statt[53]. Als jetzt das Landgericht Köln[54] in einem Einzelfall der Auseinandersetzung zwischen Versicherungsnehmer und Versicherung, also keinem Verbandsklageverfahren, einmal dem Versicherungsunternehmen recht gab (ohne auf die Verbandsklageverfahren überhaupt einzugehen), nutzte dies das Versicherungsunternehmen zu einer umfangreichen Darstellung zu seinen Gunsten, auf die entgegenstehenden Urteile wurde nicht eingegangen. Der Pressesprecher des Unternehmens erklärte mir später, die anderen Urteile gegen die Versicherungen seien ja nicht rechtskräftig, daher auch nicht verbindlich. Sein Landgericht dagegen sei rechtskräftig und damit gültig. Weiter möchte ich diesen Vorgang hier nicht kommentieren (auch wenn wir solche Vorgänge gelegentlich doch in unse-

---

[50] Dazu zuletzt der BGH, u. a. Urteil vom 7. 2. 1996 – IV ZR 379/94, siehe F.A.Z. vom 13. 2. 1996, Seite 14.
[51] Veröffentlicht in NJW-RR 1990, 1311.
[52] Ein Zusammenschluß der Verbraucherzentralen, der Stiftung Warentest, der Arbeitgemeinschaft der Verbraucherverbände und anderer Institutionen.
[53] Rechtsgrundlage war dabei § 9 AGB-Gesetz. Siehe nur F.A.Z. vom 21. 7. 1992 und 22. 4. 1992, wo über die Urteile berichtet wird.
[54] Urteil vom 8. 7. 1992 – 24 S 14/92.

ren Glossen aufgreifen), nur darauf hinweisen, daß die BGH-Rechtsprechung und die Novelle des VVG diese Praxis der langjährigen Versicherungsverträge zugunsten der Verbraucher beendet hat.

c) Zusendungen durch Rechtsanwälte oder betroffene Parteien selber. Auch hier gilt leider das oben gesagte.

d) Die Zusendung durch das Gericht selber. Dies kann grundsätzlich auf zwei Wegen geschehen:

- Veröffentlichung einer Pressemitteilung
- Zusenden des Urteils.

Bei den Tageszeitungen und Nachrichtenagenturen ist der erste Weg eigentlich die Regel. So gibt der Bundesgerichtshof in Karlsruhe regelmäßig an die Mitglieder der Justizpressekonferenz die Entscheidungen im Wortlaut[55] heraus, oftmals nach einer vorangegangenen Pressemitteilung, so daß man gerne nach dem Vorliegen der schriftlichen Urteilsgründe ein Urteil noch einmal aufgreift, besonders dann, wenn für die Hintergrund-Berichterstattung die schriftlichen Urteilsgründe noch Neues und Wichtiges enthalten. Beim Bundesverfassungsgericht liegen die schriftlichen Entscheidungsgründe immer vor und werden auch der Öffentlichkeit sofort zugänglich gemacht.

Bevor ich auf die Pressemitteilungen eingehe, noch ein Hinweis auf die Terminplanung der Gerichte. Sehr gut finde ich Ankündigungen von interessanten Gerichtsverfahren, von anstehenden Urteilsverkündungen. Als Beispiel kann ich hier das Bundessozialgericht nennen, das durch seine Pressemitteilungen vorab über die Themen der mündlichen Verhandlung informiert. Auch das Bundesverfassungsgericht und der Bundesgerichtshof[56] tun dies, aber nicht in solchem Umfang. Ein Terminkalender ermöglicht es uns, Berichte zu planen, uns Unterlagen zu besorgen und – auch dies ist ein wichtiger Punkt – mit unseren Redaktionen den entsprechenden Platzbedarf abzusprechen. Urteile am späten Nachmittag ohne Ankündigung, kurz vor Redaktionsschluß, führen oft nur zu kurzen entstellenden Meldungen, weil einfach kein ausreichender Platz vorhanden ist, oder aber Rückfragen zur Aufklärung leider nicht mehr möglich sind. Ein negatives Beispiel war hier das bereits erwähnte Urteil des Bundesgerichtshofes unter der Überschrift „130-Kilometer-Urteil", das gegen 17.00 Uhr (bei der F.A.Z. ist dann für die ersten Ausgaben Redaktionsschluß) mündlich verkündet wurde. Hätte das Gericht hier nicht guten Gewissens bis zum näch-

---

[55] 1995 waren es alleine rund 700 mit Leitsätzen und damit auch zur Veröffentlichung in Fachzeitschriften vorgesehene Entscheidungen.

[56] Man erhält zwar alle Termine, weiß oft aber nicht, was für ein Verfahren sich hinter den Parteibezeichnungen verbirgt.

18

sten Tag warten können? Auch andere Vorgänge haben dazu geführt, daß besonders die Bundesrichter in Karlsruhe durchaus auch den Mediengesichtspunkt mit in ihre Planungen einbeziehen, was allerdings nicht überhand nehmen sollte.

5. Exkurs: Veröffentlichungen von Entscheidungen

Ein kleiner Exkurs sei mir bei der Frage erlaubt, wie die Veröffentlichungspraxis der Gerichte gegenüber Presseorganen, hier insbesondere den Fachzeitschriften, ist und welche Auseinandersetzungen sich darum immer noch ranken. Hier spreche ich vor allem aus der Erfahrung als ehemaliges Mitglied der NJW-Redaktion.

Die gerichtliche Auseinandersetzung über die Veröffentlichungspraxis der Gerichte beschäftigt nicht nur die Juristen, sondern rückt immer stärker auch in den Blickpunkt des öffentlichen Interesses. Begonnen hat die Auseinandersetzung schon vor einigen Jahren, besonders mit einer Entscheidung des Oberverwaltungsgerichts Bremen[57] und der Streit will einfach nicht enden[58]. Wer am Anfang an einen Einzelfall glaubte, bei dem sich der Informationsdienst „Steuertip" mit dem Stollfuß-Verlag und seinen „Entscheidungen der Finanzgerichte (EFG)", sowie den meisten deutschen Finanzrichtern auseinandersetze, sieht sich getäuscht. Mittlerweile geht es um mehr. Die Auseinandersetzung bei der jetzt auch schon das VG Hannover[59] und bestätigend das OVG Lüneburg[60], das OVG Berlin[61] und das BVerwG[62] entschieden haben, und zu denen demnächst auch das Bundesverfassungsgericht Stellung nehmen wird, hat eine Debatte um die Veröffentlichungspraxis der Gerichte, ja nach manchem richterlichen Selbstverständnis ausgelöst. Da kommen dann Argumente zur Sprache, die man mit Verwunderung und wachsender Verärgerung vernimmt und sich fragt, ob Gerichtsurteile „geheime Akten" sind, die nur Eingeweihte bearbeiten und veröffentlichen dürfen. Eigentlich geht es um eine einfache Frage: Wer ist für die Veröffentlichung von Gerichtsentscheidungen zuständig oder wäre gar dazu verpflichtet? Können dies Richter dergestalt in privater Ne-

---

[57] NJW 1989, 926.
[58] Zur Literatur s. nur Hirte, Der Zugang zu Rechtsquellen und Rechtsliteratur, 1991; ders. NJW 1988, 1698 ff.; ders., EWiR 1989, 363; ders., EWiR 1992, 601; Hoffmann-Riem, JZ 1989, 633; Huff, DRiZ 1994, 150; Fischer, NJW 1993, 1228; ders., EWiR 1994, 61; Herberger, jur-pc 1993, 2325; Geiger, DB 1990, 1260.
[59] NJW 1993, 3282.
[60] Urteil vom 19. 12. 1995 – 10 L 5059/93 - bisher noch nicht veröffentlicht. Gegen das Urteil ist die – zugelassene – Revision zum Bundesverwaltungsgericht eingelegt worden.
[61] NJW 1993, 674.
[62] NJW 1993, 675. Gegen die Entscheidung ist Verfassungsbeschwerde eingelegt worden, die das Aktenzeichen 1 BvR 1962/92 trägt.

bentätigkeit übernehmen, daß die Veröffentlichung durch die Gerichte selber ausgeschlossen ist? Ich empfehle hier zur Lektüre nur die oben erwähnte Entscheidung des OVG Lüneburg, die in aller Deutlichkeit die wirtschaftlichen Interessen Einzelner aufzeigt. Wer einmal bei einer Fachzeitschrift gearbeitet hat, weiß, daß es verschiedene Varianten der Veröffentlichung von Entscheidungen gibt. Da hört man von einer Entscheidung und fordert sie bei Gericht an. Die meisten Gerichte übersenden dann, mit oder ohne Kostenberechnung, einen Urteilsabdruck. Dies scheint inzwischen problemlos zu funktionieren, nachdem sich in der Vergangenheit besonders Finanzgerichte geweigert hatten, die Arbeit der Schwärzung auf sich zu nehmen. Gelegentliche Ausrutscher kommen dennoch vor: Da wurde ein Urteil des Hessischen Finanzgerichts angefordert, weil das Verfahren dem EuGH zur Vorabentscheidung vorgelegt war, der die Namen der Parteien ohne viel Rücksicht auf den Datenschutz, mitteilt. Die knappe Antwort: Da der Name der Parteien bekannt sei, sei eine Übersendung nicht möglich, da dann das Steuergeheimnis verletzt werde. Man möge sich doch bitte an die Parteien direkt wenden.

Wird das Urteil allerdings angefordert, so wird in der Regel kein Einsenderhonorar bezahlt, also warten viele Gerichte und Richter nicht bis zu einem Schreiben der Redaktion. Zudem sind viele Gerichte von sich aus daran interessiert, Entscheidungen zu veröffentlichen, allerdings nicht nur aus Gründen der Information, sondern leider oftmals auch aus persönlicher Eitelkeit, weil man zeigen will, daß man der erste (gerade im Instanzbereich) ist, der sich einer interessanten Frage angenommen hat. Hier gibt es gelegentlich Ärger, wenn einer Redaktion das Urteil schon durch eine der Prozeßparteien bekannt ist, deren Name dann als Einsender genannt wird.

Die Veröffentlichung von Richterseite geschieht entweder privat durch die Richter, durch die Gerichtsverwaltung, durch Kammer oder Senat als Einheit oder aber durch eine Veröffentlichungskommission des Gerichts. Dies ist meiner Ansicht nach erlaubt und dann zulässig, wenn dabei alle interessierten Kreise gleichbehandelt werden. Es geht nach meinem Verständnis nicht an, wie im Fall von EFG geschehen, daß dann, wenn ein Richter privat (gegen Entgelt) ein Urteil bearbeitet, es vor der Veröffentlichung (und zum Teil sogar danach) niemand anderem mehr zur Verfügung gestellt wird. Dies läßt sich mit der Aufgabe von Gerichten nicht in Einklang bringen. Zu Recht haben daher das OVG Bremen und das OVG Lüneburg es als „richterliche Amtspflicht" angesehen, für die angemessene Veröffentlichung zu sorgen. Dies kann privat durch die Richter geschehen, wenn sie für eine Gleichbehandlung garantieren. Geschieht dies nicht, so haben es das VG Hannover auf den Punkt gebracht und die nächsthöhere Instanz eindrucksvoll bestätigt: Die Gerichtsverwaltung ist verpflichtet, diejenigen Entscheidungen des Gerichts, die von diesem oder einzelnen Richtern des Gerichts ohne individuelle Anforderung Dritter zur

Veröffentlichung in einer bestimmten Fachzeitschrift eingesandt werden, zeitgleich gegen Kostenerstattung interessierten Verlagen zur Verfügung zu stellen. Auch wenn ich weiß, daß jetzt viele Gerichtsverwaltungen, gerade großer Gerichte, angesichts der Flut von neuen Fachzeitschriften stöhnen werden: Anscheinend läßt sich die bisherige – rechtswidrige – Praxis nicht anders beseitigen. Zudem wird die Zahl der Fachzeitschriften, die alle versandten Entscheidungen eines Gerichts haben wollen, doch klein sein. Denn in der Regel verlassen sich diese auf ihre regelmäßigen Einsender, die meist eine gute Auswahl treffen, oft auch mehrere Zeitschriften beliefern.

Unverständlich sind mir die Ausführungen des OVG Berlin und leider auch des Bundesverwaltungsgerichtes in seinem Nichtannahmebeschluß. Besonders das von beiden Gerichten gebrauchte Argument, daß es eine sachgerechte Auswahl sei, die Versendung von Gerichtsentscheidungen nach den Kategorien „Zeitschrift mit fachwissenschaftlichem Anspruch" und „Zeitschrift, die solchen Ansprüchen nicht genügt", ist in keiner Weise von Artikel 3 GG gedeckt, wie das Bundesverwaltungsgericht meint. Denn die Veröffentlichung von Entscheidungen darf doch nicht davon abhängig gemacht werden, ob es sich um eine Fachzeitschrift oder eine Publikumszeitschrift handelt. Dies steht sowohl mit Art. 3 wie auch mit Art. 5 nicht in Einklang. Lag die Beurteilung vielleicht daran, daß der „Steuertip" Steuerspartips veröffentlicht und dafür auf Urteile zurückgreift?[63]. Die Gerichte, ihre Direktoren und Präsidenten sollten nicht warten, bis ihnen das Bundesverfassungsgericht ihre Pflichten verdeutlicht, sondern möglichst rasch eine vernünftige Handhabung in ihren Gerichten durchsetzen, auch gegen den Widerstand der Kollegen. Denn ansonsten droht in der Öffentlichkeit der Eindruck zu verstärken, daß es bei der Veröffentlichung vorwiegend um Honorare und nicht um eine Information der Interessierten geht, ein Eindruck der bisher für die überwiegende Zahl der Richter noch falsch wäre.

6. Formulierung von Pressemitteilungen

Ich will jetzt aber etwas ausführlicher auf die Pressemitteilungen eingehen, die deutsche Gerichte versenden. Leider machen bisher nur relativ wenig Gerichte von der Möglichkeit einer Pressemitteilung Gebrauch. Dabei handelt es sich um die ideale Möglichkeit, die Öffentlichkeit auch über komplizierte Urteile gut zu informieren. Bei den meisten deutschen Gerichten soll es ja die Einrichtung eines Justizpressesprechers geben, der

---

[63] Dieser Eindruck wird auch dadurch bestätigt, daß zum Beispiel die OFD Köln versuchte, die Veröffentlichung eines Handbuches mit Hinweisen zur Veranlagung dem „steuer-tip" zu untersagen. Das LG Düsseldorf (Urteil vom 4. 1. 1995 – 12 O 360/94) hat diesem Ansinnen mit Hinweis auf den fehlenden Urheberrechtsschutz (§ 97 UrhG) eine klare Absage erteilt.

allerdings für uns Journalisten nicht immer leicht zu finden ist, wobei rühm-
liche Ausnahmen auch hier die Regel bestätigen. Eigentlich ist es seine Aufgabe – zusammen mit dem Direktor oder Präsidenten des Gerichts – für
eine gute Aufbereitung zu sorgen.

Ich weiß natürlich, daß dies mit Arbeit verbunden ist, die neben der normalen Richtertätigkeit nicht immer leicht zu bewältigen ist. Aber gilt nicht
auch für die Vermittlung von Gerichtsentscheidungen der Satz „Kommu-
nikation ist eine Bringschuld", der auf einer Veranstaltung der IHK Frankfurt im Hinblick auf die Zusammenarbeit zwischen Presse und
Wirtschaftsunternehmen hin geprägt worden ist[64]? Sollte es nicht Aufgabe
der Gerichte in einem Rechtsstaat sein, für eine möglichst umfassende Information über seine Rechtsprechung zu sorgen. Kann dadurch nicht in
breiteren Bevölkerungsschichten mehr Verständnis geweckt werden? Ich
glaube, diese Frage sollten wir alle mit einem deutlichen „ja" beantworten,
gerade in einer Zeit, wo unser Rechtssystem immer europäischer, immer in-
ternationaler wird, man denke nur an den Europäischen Gerichtshof in
Luxemburg und den Europäischen Gerichtshof für Menschenrechte in
Straßburg. Es muß daher selbstverständlich sein, daß ein Justizpressesprecher seine Aufgabe nicht nur neben seiner Richtertätigkeit ausübt, sondern
zumindest mit 20 bis 25 Prozent seiner Arbeitszeit je nach Gericht auch mit
deutlich mehr, entlastet wird. Das hier auch von den Justizverwaltungen oft
noch erheblicher Widerstand geleistet wird, ist kontraproduktiv.

Wie kann nun eine gute Pressemitteilung eines Gerichts aussehen:

1. Der erste Grundsatz sollte sein, daß die Mitteilung so formuliert sein
sollte, daß keinerlei Wissensvoraussetzungen (Vorverfahren, Sachverhalt
etc.) zum Verständnis erforderlich sind. Das klingt selbstverständlich, ist es
aber leider nicht. So kommt es immer wieder vor, daß Gerichte Paragraphen
nennen, ohne ihren Inhalt zu erklären oder (was noch besser wäre) den
Wortlaut in wichtigen Fällen auch einmal abdrucken. Zwar gibt es mittlerweile in den meisten Redaktionen einen Schönfelder, aber Sie wissen selber,
wie wenig Gesetze er eigentlich noch enthält. Auch sollte man nicht voraussetzen, daß jemand bereits den Verfahrensstand kennt. Man denke nur
an den Fall, daß der eigentlich Verantwortliche nicht da ist oder ein Vo-
lontär an eine solche Meldung gesetzt wird. Hier sind immer einige Sätze
mehr besser als zu wenig. Besonders die moderne Textverarbeitung mit
einem Personalcomputer macht dies ja ohne weiteres möglich und sollte zur
Standardausstattung einer Pressestelle gehören. Denn kürzen kann später
der Redakteur nach Bedarf. Aber öfter als Sie vielleicht denken wird – auch

---

[64] F.A.Z. (Rhein-Main-Zeitung) vom 11. September 1992 mit der gleichnamigen
Überschrift.

innerhalb der Redaktionen – nach einem ausführlicheren Sachverhalt gefragt, gerade um das Verständnis einer Entscheidung zu erleichtern.

2. Die Pressemitteilung sollte einen vernünftigen Aufbau haben. Als ein sehr gutes Beispiel möchte ich Ihnen hier einmal eine schon etwas ältere, aber sehr anschauliche, Pressemitteilung des Oberlandesgerichts Nürnberg vorstellen, die meines Erachtens den wichtigsten Anforderungen gerecht wird[65]. Negativbeispiele habe ich mir und Ihnen absichtlich erspart, auch um niemandem zu nahe zu treten.

Einige Anmerkungen dazu:

a) Sperrfristvermerke sind zulässig, und in vielen Fällen auch sinnvoll. Der Journalist der sie nicht einhält, geht das Risiko ein, vom vorzeitigen Versand ausgeschlossen zu werden. Nur wenige wollen dies tatsächlich. Ich kenne zudem Gerichte, wie der Verwaltungsgerichtshof Mannheim, die die Urteile per Post auf den Weg bringen, dann durch ein Telefax eine Freigabe erteilen. Ein Weg, der sich – so der zuständige Presserichter – zu bewähren scheint.

b) Eine kurze Überschrift als Anreiz zum Weiterlesen (die täglichen großen Papierstöße auf dem Schreibtisch).

c) Gut ist die vorangestellte Kurzfassung, die so schon veröffentlicht werden kann.

d) Wünschenswert sind weitere Informationen zu dem Fall, für denjenigen, der weiteres Interesse hat. Ich habe mir das Urteil aufgehoben und Wochen später zusammen mit anderen Unterlagen für eine „Verbraucherfrage" in unserer F.A.Z.-Sonntagszeitung verwendet.

e) In unserer komplizierten Zeit sind auch die Hinweise auf die Gesetzesformulierungen und Erläuterungen zum Mahn- und Vollstreckungsbescheid unentbehrlich. Ich habe gelegentlich den Eindruck, daß selbst viele Juristen die einschlägigen Verfahrensvorschriften nicht kennen, da meist entweder die Anwaltsgehilfin oder der Rechtspfleger mit diesen Sachverhalten befaßt sind.

f) Ganz wichtig sind Fax-Nummer, Name und Adresse des Pressesprechers, der weitere Auskünfte erteilen kann. Möglich ist natürlich auch, daß der entsprechende Vorsitzende oder der Berichterstatter dazu bereit ist, obwohl ich die Vorbehalte mancher am Verfahren beteiligter Richter verstehen kann, keine Aussage gegenüber der Presse treffen zu wollen. An dieser Stelle eine dringende Bitte an die Gerichte. Die Pressestelle sollte in der normalen Arbeitszeit besetzt sein oder es sollte zumindest jemand an das

---

[65] Pressemitteilung des Oberlandesgerichts Nürnberg vom 23. April 1992 „Zustellung eines Schriftstückes in einer nichtehelichen Lebensgemeinschaft".

Oberlandesgericht Nürnberg
– Justizpressestelle –

8500 Nürnberg 80, 23. April 1992
Fürther Straße 110
Telefon: (09 11) 321 - 2342
oder 321 - 01
Teletex: 911 8269 sta n
Telefax: 0911 321-2560

Sperrfrist
24. April 1992,
10.00 Uhr

P r e s s e m i t t e i l u n g

Zustellung eines Schriftstücks in einer nichtehelichen
Lebensgemeinschaft –
Auch ein nichtverheirateter Lebensgefährte kann zur
"Familie" gehören

Kurzfassung: Wird der Adressat eines gerichtlichen Schreibens in seiner
Wohnung nicht angetroffen, so darf es nach dem Wortlaut des
Gesetzes ersatzweise einem "zu der Familie gehörenden
erwachsenen Hausgenossen" zugestellt werden (vgl. Anmerkung
1). Dazu kann auch der Partner einer nichtehelichen Lebensgemeinschaft zählen, entschied die 13. Zivilkammer des
Landgerichts Nürnberg-Fürth. Voraussetzung sei in einem
solchen Fall allerdings, daß mindestens ein gemeinsames Kind
vorhanden ist. Denn erst dadurch komme es zu der familien-
rechtlichen Verknüpfung, die nach dem Gesetz erforderlich
sei, damit die Zustellung an den einen Partner auch zu
Lasten des anderen wirkt.

Mit dieser Entscheidung nimmt das Gericht eine vermittelnde
Position ein zwischen den Rechtsmeinungen, die den "Familien"-
Begriff der Zustellungsvorschriften sehr eng auslegen, und
denen, die jede "gefestigte Lebensgemeinschaft" darunter
fallen lassen.

Der Fall: Im konkreten Fall ging es um die Frage, ob der Einspruch des
Beklagten gegen zwei Vollstreckungsbescheide über 3.233 DM
und 2.533 DM noch als rechtzeitig behandelt werden konnte.
Das war deshalb zweifelhaft, weil die zweiwöchige Einspruchs-
frist längst verstrichen war. Zur Entschuldigung seiner
Fristversäumnis berief sich der Beklagte darauf, daß er die

bitte wenden

24

Vollstreckungsbescheide weder erhalten noch von ihrer
Existenz etwas gewußt habe. Erst als eines Tages der Ge-
richtsvollzieher in der Wohnung auftauchte und aus ihnen
vollstrecken wollte, habe sich herausgestellt, daß er - der
Beklagte - Opfer einer Panne geworden war. Seine Lebensgefährtin, die seinerzeit für ihn die Schriftstücke entgegen-
genommen hatte, habe schlicht vergessen, sie ihm auszuhändi-
gen.

Die Entscheidung: Ob dieser Darstellung Glauben zu schenken sei, ließen die
Richter offen. Selbst wenn dem so wäre, hätte nämlich der
Beklagte seine Fristversäumnis selbst verschuldet. Nach
eigenen Angaben habe er sich in der fraglichen Zeit mehrere
Wochen lang nicht zu Hause aufgehalten. Fand er bei seiner
Rückkehr keine Post vor, so hätte er sich bei seiner Lebensgefährtin ausdrücklich danach erkundigen müssen. Denn daß
während wochenlanger Abwesenheit überhaupt keine Post
einging, sei unter den gegebenen Umständen geradezu unvor-
stellbar gewesen. Hätte er aber nachgefragt, dann hätte sich
seine Lebensgefährtin daran erinnert, daß sich inzwischen in
der Tat ein ganzes Bündel von Bescheiden und sonstigen
Briefen angesammelt hatte. Spätestens jetzt hätte der
Beklagte reagieren und innerhalb von zwei Wochen die Wiedereinsetzung in den vorigen Stand beantragen müssen, um die
Fristversäumnis zu heilen. Stattdessen habe sich der Beklagte um den Posteingang nicht gekümmert. So gingen weitere
Wochen ins Land und die letzte Frist zur Wiedereinsetzung
verstrich ungenutzt.

Das Gericht hätte dem Beklagten somit nur dann helfen
können, wenn die Ersatzzustellung an dessen Lebensgefährtin
unzulässig und damit unwirksam gewesen wäre. Das aber war
aus den eingangs geschilderten Gründen nicht der Fall.

(Urteil des Landgerichts Nürnberg-Fürth vom 6. August 1991,
Az. 13 S 2758/91; rechtskräftig)

Anmerkungen: 1) § 181 der Zivilprozeßordnung (ZPO) lautet:

> **§ 181.** [Ersatzzustellung in Wohnung und Haus] (1) Wird die Person, der zugestellt werden soll, in ihrer Wohnung nicht angetroffen, so kann die Zustellung in der Wohnung an einen zu der Familie gehörenden erwachsenen Hausgenossen oder an eine in der Familie dienende erwachsene Person erfolgen.
>
> (2) Wird eine solche Person nicht angetroffen, so kann die Zustellung an den in demselben Hause wohnenden Hauswirt oder Vermieter erfolgen, wenn sie zur Annahme des Schriftstücks bereit sind.

2) Ob unverheiratet zusammenlebende Personen eine "Familie" im Sinne dieser Vorschrift bilden, ist in Rechtsprechung und juristischer Fachliteratur umstritten. Die Spannbreite der hierzu vertretenen Meinungen ist sehr weit. Sie reicht von der engen Auslegung, welche die Familienzugehörigkeit allein nach den Kriterien des geltenden Familienrechts beurteilt, bis hin zu der Rechtsansicht, die jede "gefestigte Lebensgemeinschaft", u.U. sogar die gleichgeschlechtliche, ausreichen läßt. Vermittelnde Rechtsmeinungen stellen darauf ab, ob die nichtverheirateten Lebensgefährten mit einem Kind zusammenleben, wobei wiederum streitig ist, ob es sich notwendig um ein gemeinsames Kind handeln muß. Mit der vorliegenden Entscheidung hat sich die 13. Zivilkammer des Landgerichts Nürnberg-Fürth dem zuletzt genannten Standpunkt angeschlossen.

Wegen der Rechtsunsicherheit in der Frage, ob und in welchem Umfang § 181 ZPO auf Partner einer nichtehelichen Lebensgemeinschaft anwendbar ist, ist vor längerem schon der Ruf nach einer Klarstellung durch den Gesetzgeber laut geworden.

4) Ein "Vollstreckungsbescheid" ergeht, wenn der Schuldner einem "Mahnbescheid" nicht widersprochen hat. Der Vollstreckungsbescheid kann binnen zwei Wochen nach seiner Zustellung angefochten werden. Wird innerhalb dieser Frist kein Einspruch eingelegt, steht der Vollstreckungsbescheid einem rechtskräftigen Urteil gleich.

Der Vorzug des schriftlichen Mahnverfahrens, an dessen Ende der Vollstreckungsbescheid steht, liegt darin, daß der Gläubiger rasch und kostengünstig zu einem Vollstreckungstitel kommt. Die Vermeidung überflüssiger Verfahrenskosten liegt auch im Interesse des Schuldners. Das Mahnverfahren eignet sich vor allem für solche Ansprüche, die der Schuldner voraussichtlich nicht bestreiten wird.

(Sachbearbeiter der Pressemitteilung: Ewald Behrschmidt, Richter am Oberlandesgericht, Justizpressesprecher, Telefon: 0911/321-2342)

Telefon gehen. Es gibt nichts Schlimmeres, als wenn man unter zum Teil gewaltigem Zeitdruck recherchieren muß, aber niemanden erreicht. Wenn man weiß, daß niemand mehr da ist, ist das zwar nicht ideal, aber hilfreicher als ein ständig nicht erreichbarer Anschluß.

g) Auf Verlangen sollte das Gericht auch eine anonymisierte Fassung zum Versand per Fax bereit haben. Handelt es sich um ein Urteil ohne Sachverhalt, so ist auch die Vorinstanz sehr nützlich[66]. Aber Rücksicht nehmen sollte man auch auf die Lesbarkeit. Ich mußte neulich eine neue Kopie bei einem Oberlandesgericht anfordern, weil es sich um drei Gesellschaften mit beschränkter Haftung handelte, alle drei Namen vollständig geschwärzt waren und niemand mehr erkennen konnte, worum es geht. Denn der Postweg ist in vielen Fällen nicht sehr zuverlässig, oft auch zeitlich nicht möglich. Gerne sind viele Redaktionen bereit die Kosten des Faxens zu übernehmen. Hier gibt es die technische Möglichkeit, daß sich die Redaktion per Fax das Urteil auf eigene Kosten abruft. Diese Möglichkeit ist den Beteiligten weitgehend unbekannt.

Soweit einige Anmerkungen zu dieser Pressemitteilung.

IV. Fernsehen im Gerichtssaal

Erneut hat das BVerfG soeben, diesmal die 3. Kammer des Ersten Senates, durch eine die Ablehnung einer einstweiligen Anordnung gemäß § 32 BVerfGG für große Aufmerksamkeit gesorgt[67]. Dabei ging es um die Frage, ob im Strafprozeß gegen Egon Krenz und andere vor der 27. Strafkammer des LG Berlin der Nachrichtensender n-tv auch während der Hauptverhandlung die Kamera mitlaufen lassen darf[68]. Der Sender begründet dies mit seinem Recht auf Rundfunkfreiheit aus Art. 5 Abs. 1 GG, die es ihm, wie beispielsweise auch den schreibenden Journalisten, gestatten müsse, direkt aus dem Gerichtssaal zu berichten. § 169 S. 2 GVG, der Ton- und Filmaufnahmen verbietet, sei daher in seinem weiten Umfang verfassungswidrig.

Das BVerfG hat die Verfassungsbeschwerde des Senders gegen die sitzungspolizeiliche Anordnung des Vorsitzenden Richters der 27. Strafkammer des LG Berlin vom 17. November 1995 nicht als unzulässig (was auch nicht zu erwarten stand), aber überraschenderweise auch nicht als offensichtlich unbegründet, angesehen. Vielmehr führte nur die nach § 32 BVerfGG erforderliche Abwägung der betroffenen Interessen und Rechte

---

[66] Bei der NJW gehen deswegen tagtäglich etliche Briefe an die Gerichte heraus, da die Urteile ohne Rückfragen nicht zu bearbeiten sind.

[67] BVerfG, NJW 1996, 581.

[68] Für die Berichterstattung außerhalb der Hauptverhandlung hatte die Strafkammer Leitlinien aufgestellt, die eine Berichterstattung erlaubten, s. zum Honnecker-Prozeß vor der gleichen Strafkammer, BVerfG, NJW 1995, 184 ff.

zu einer ablehnenden Entscheidung über den Antrag auf einstweilige Anordnung. Endgültig wird jetzt der Erste Senat des BVerfG in voller Besetzung über die Verfassungsbeschwerde selber entscheiden und wie ich hoffe, die Verfassungsbeschwerde zurückweisen.

1. Die Vorgeschichte

Lange Jahre nach der Einfügung des § 169 S. 2 GVG[69] in das Gerichtsverfassungsgesetz[70] war es ruhig. Niemand dachte ernsthaft daran, Rundfunk- und Fernsehaufnahmen aus dem Gerichtssaal zuzulassen. Mit dem damals eingefügten Verbot konnten zumindest die öffentlich-rechtlichen Rundfunkanstalten gut leben, Bilder aus dem Gerichtssaal während laufender Hauptverhandlung wurden nicht als unbedingt notwendig angesehen.

Erstmals auf dem 58. Deutschen Juristentag 1990 in München kam es in der Medienrechtlichen Abteilung zu Überlegungen, ob man nicht die Rundfunk- und Fernsehberichterstattung erweitern sollte[71]. Sie fanden ihren Niederschlag in den Beschlüssen, in denen sich die Teilnehmer sowohl für das Fotografieren von prozeßbeteiligten Laien im Gerichtssaal als auch für eine Ausnahme von § 169 S. 2 GVG aussprachen, wenn alle Beteiligten zustimmten[72]. Diese Beschlüsse fanden damals kaum Beachtung.

In der breiten Öffentlichkeit begann die Diskussion aber, nachdem der private Fernsehsender n-tv unter Verstoß gegen § 169 S. 2 GVG[73] am 8. 4. 1993 die Urteilsverkündung des BVerfG im Awacs-Verfahren[74] live übertrug. Dies geschah damals auf ausdrückliche Anweisung des Geschäftsführers Karl-Ulrich Kuhlo, der sich, wie er später zugestand, in diesem Zeitpunkt über die rechtliche Tragweite überhaupt nicht im klaren war. In der Zeit der immer stärker werdenden Konkurrenz der Fernsehsender untereinander wurden dadurch bisherige Spielregeln außer Kraft gesetzt[75], auch wenn sich Kuhlo und weitere verantwortliche Mitarbeiter später beim

---

[69] Zur Vorgeschichte vor der Gesetzesänderung s. z. B. Bokelmann, NJW 1960, 217; Arndt, NJW 1960, 423, Erdsiek, NJW 1960, 1048.

[70] Eingefügt durch das StPÄG 1964.

[71] Dagegen der Gutachter Stürner, Verhandlungen des 58. DJT München 1990, Bd. I, A 1 ff., der sogar die Anwendung des § 169 S. 2 GVG noch ausweiten will (A 42).

[72] Beschlüsse 12 a bis c des 58. DJT 1990, Verhandlungen des 58. DJT 1990, Bd. II, S. K 220 = NJW 1990, 2991 ff. (2992).

[73] Und unter Verstoß gegen die Anordnung des Vorsitzenden des Zweiten Senats, dem damaligen Vizepräsidenten Ernst Gottfried Mahrenholz.

[74] BVerfG, NJW 1993, 1317 ff.

[75] Zur Diskussion im Jahr 1993, auch zu den teilweise unterschiedlichen Reaktionen innerhalb von Presseorganen, auch der Frankfurter Allgemeinen Zeitung, vgl. anschaulich und sehr lesenswert, Gerhardt, ZRP 1993, 377 ff., der dabei von seinen Insider-Kenntnissen profitiert.

Verfassungsgericht entschuldigt haben[76]. Die Übertragung aus Gerichtsverhandlungen (live oder zeitversetzt) wurde nicht nur in den Vereinigten Staaten, sondern auch in Deutschland, als neuer Markt entdeckt. Dabei wird zwar gerade auch vom Sender n-tv und dessen engagiertem Geschäftsführer Kuhlo[77] das Informationsinteresse der Öffentlichkeit an erster Stelle genannt. Aber kommerzielle Interessen stehen trotz dieser Beteuerungen im Vordergrund.

Seit diesem Vorfall hat es eine bis heute anhaltende Diskussion über Fernsehen aus dem Gerichtssaal gegeben[78] und gerade durch den Strafprozeß gegen O. J. Simpson in den Vereinigten Staaten 1995 neue Nahrung erhalten. Auch das Bundesverfassungsgericht hat reagiert. Zunächst hat der Zweite Senat im Mai 1993 „Einstweilige Rahmenbedingungen" erlassen[79], in dem Übertragungen aus dem BVerfG in einem bestimmten Umfang zugelassen wurden. Das Gericht stützt sich dabei auf die Vorschrift des § 17 BVerfGG, die besagt, daß das Gerichtsverfassungsgesetz auf das Verfassungsgericht nur entsprechend Anwendung findet, § 169 S. 2 GVG also nicht ohne weiteres und in vollem Umfang gelte. In der Diskussion wird diese Einschränkung leider öfters übersehen oder nicht umfassend gewürdigt[80], so daß unzulässigerweise die Handhabung der Verfassungsrichter auf andere Gerichte übertragen wird. Zudem gibt es seit Ende Juli 1995 einen Beschluß des Plenums des Gerichts, der grundsätzlich eine Übertragung der Urteile des Gerichts, sowohl Tenor wie auch Begründung, erlaubt[81]. Entgegen der Aussage, daß dieser Beschluß alsbald im Bundesgesetzblatt veröffentlicht werde, ist dies bis heute nicht geschehen. Vorgesehen ist nach ausführlichen Gesprächen zwischen dem Bundesjustizministerium und dem Verfassungsgericht eine Änderung der Geschäftsordnung des Gerichts um den rechtlichen Charakter klarzustellen. Mit einer entsprechenden Regelung darf wohl für das Jahr 1996 gerechnet werden.

---

[76] So der damalige Vizepräsident des BVerfG, Ernst Gottfried Mahrenholz in seinem Leserbrief in der F.A.Z. vom 7. 5. 1993 Seite 11 in dem er sich gegen die Ansicht von Friedrich Karl Fomme in seiner Glosse in der F.A.Z. vom 3. 5. 1993 (Seite 14) stellte, der Mahrenholz eine gewisse Sympathie für die Übertragung unterstellte.

[77] So zuletzt auf einer Veranstaltung des hessischen Landesverbandes des Deutschen Richterbundes, s. DRiZ 1995, 489.

[78] Z. B. nur Huff, F.A.Z. vom 15. 5. 1993, S. 30; ders., F.A.Z. vom 27. 5. 1993, S. 34; Wassner, F.A.Z. vom 10. 5. 1993, S. 14; Gerhardt, ZRP 1993, 377; Zastrow, F.A.Z. vom 14. 6. 1995, S. 1; Töpper, DRiZ 1995, 242; zuletzt Rademacher, F.A.Z. vom 6. 10. 1995, S. 1.

[79] Veröffentlicht bei Wolf, NJW 1994, 681 (682).

[80] So bei Wolf, NJW 1994, 681 (682) mit Erwiderung, Eberle, NJW 1994, 1637 ff.

[81] S. dazu nur F.A.Z. vom 29.7.1995, S. 1.

Forderungen allerdings, daß der Gesetzgeber § 169 S. 2 GVG ändern sollte, hat sowohl die frühere Bundesjustizministerin Sabine Leutheusser-Schnarrenberger wiederholt als auch die Justizministerkonferenz des Bundes und der Länder[82] in einem eindeutigen Beschluß zurückgewiesen. Hier gibt es eine erstaunliche Allianz der Minister über alle Parteigrenzen hinweg.

Auch die strafrechtliche Aufarbeitung der Regierungskriminalität in der DDR hat für weitere Verfahren über den Umfang von Gerichtsberichterstattung gesorgt. So hat das BVerfG[83] im sogenannten Honnecker-Prozeß den weiträumigen Ausschluß der Rundfunk- und Fernsehkollegen außerhalb der Hauptverhandlung beanstandet und zudem die gerade vom ZDF favorisierte „Pool-Lösung"[84] als vernünftigen Weg bezeichnet, Nachteile für alle Beteiligten auf ein Mindestmaß zu reduzieren. In der jetzigen Auseinandersetzung geht es nicht mehr um Aufzeichnungen rund um einen Prozeß, sondern im Prozeß, in der Hauptverhandlung selber.

2. Die Begründung des Bundesverfassungsgerichts

Mit seiner Verfassungsbeschwerde vom 18. 12. 1995[85] hat der Sender n-tv nicht nur die generelle Zulassung zur Berichterstattung über den Prozeß gegen Egon Krenz und andere beantragt, sondern vorsorglich gestaffelte Hilfsanträge gestellt. Sollte eine umfassende Berichterstattung nicht gestattet werden, so soll zumindest die Aufzeichnung der Verlesung der Anklage, des Plädoyers von Staatsanwaltschaft und Verteidigung und der Urteilsbegründung oder auch nur einzelner dieser Verfahrensabschnitte gestattet werden. Notfalls ist der Sender auch mit einer zeitversetzten Ausstrahlung einverstanden. Der Sender hat versichert, was aus den Erfahrungen der Vereinigten Staaten wohl zutreffend ist, daß die Aufzeichnung ohne zusätzliche Lichtquellen, ohne störende Signale oder andere Beeinträchtigungen des Verhandlungsablaufes geschieht.

Das Bundesverfassungsgericht weist den Antrag mit der Begründung zurück, daß die Interessenabwägung nach § 32 BVerfGG zuungunsten der Antragstellerin ausgeht, also die Nachteile wenn eine einstweilige Anordnung nicht ergeht, geringer sind als diejenigen bei ihrem Erlaß.

---

[82] Beschluß auf der 66. Konferenz im Juni 1995.

[83] BVerfG, NJW 1992, 3288 (einstweilige Anordnung) und NJW 1995, 184 (Hauptsacheentscheidung), dazu auch Hamm, NJW 1995, 760 und Zuck, NJW 1995, 2082.

[84] Ein Kamerateam stellt seine Aufnahmen allen interessierten Sendern ungeschnitten zur Verfügung.

[85] Vorbereitet durch ein Gutachten für n-tv von Schwarz, AfP 1995, 353 ff., der jetzt auch als Prozeßbevollmächtigter für den Sender tätig ist.

Mit einem Satz ohne Begründung lehnt es die Kammer ab, die Verfassungsbeschwerde als offensichtlich unbegründet abzuweisen. Es reicht den Verfassungsrichtern aus, daß eine Vorschrift „erneut und kontrovers" diskutiert wird, um schon Ansatzpunkte für eine vollständige verfassungsmäßige Prüfung zu sehen. Es beeindruckt also anscheinend die Richter des höchsten deutschen Gerichts, wenn Juristen, Medienvertreter und Politiker laut genug rufen und fordern, um ein Thema in die verfassungsrechtliche Diskussion einzubringen und es wieder als offen erscheinen zu lassen.

Nach dieser Feststellung ist der Weg offen für die Folgenbeurteilung und -abwägung. Für die Ansicht des Senders spreche, daß „dem Strafverfahren zu Recht historische Bedeutung beigemessen wird". Ohne eine einstweilige Anordnung sei eine Aufzeichnung und Archivierung nicht möglich, was auch das Informationsinteresse der Öffentlichkeit beträfe, meinen die Richter. Leider wird dabei außer Betracht gelassen, ob nicht das Informationsinteresse der Öffentlichkeit auch durch eine andere Weise der Berichterstattung befriedigt werden kann. Warum ist dies eigentlich nur durch Fernsehbilder aus der Verhandlung gewährleistet?

Anschließend prüft die Kammer die Auswirkungen, wenn die Aufnahmen erlaubt würden. Als erstes werden die Persönlichkeitsrechte genannt. Nur sehr knapp setzt sich die Kammer damit auseinander. Dabei geht es erstaunlicherweise hauptsächlich um die Verletzung durch Persönlichkeitsrechte durch Aufnahme-, Schnitt- oder Zusammenstellungstechniken. Auf die eigentlichen Persönlichkeitsrechte der Beteiligten, nämlich ob sie überhaupt gefilmt werden dürfen, geht die Kammer kaum, und dann nur in bezug auf die Angeklagten, ein. Dabei stellt sich hier eine der Kernfragen. § 22 S. 1 KUG erfordert für die Aufnahme von Personen deren Einwilligung. Ausnahmen sieht § 23 Abs. 1 KUG nur für „absolute Personen der Zeitgeschichte" vor[86]. Wo liegen hier die Grenzen, die auch in der Verfassungsbeschwerde selber von n-tv nicht klar gezogen werden? Sicher kann man die Auffassung vertreten, daß die Angeklagten im hier streitigen Prozeß immer noch absolute Personen der Zeitgeschichte sind. Sind es aber auch die Richter, Schöffen, Protokollführer, Rechtsanwälte, Staatsanwälte, Zeugen, Prozeßbeobachter etc.? Hier sind in dem Beschluß der 3. Kammer nicht einmal Ansätze einer Abgrenzung erhalten. Sollte das BVerfG überlegen, Ausnahmen von § 169 S. 2 GVG zuzulassen, so sind dazu sorgfältige Ausführungen dringend erforderlich.

Richtig ist der folgende Ansatzpunkt des Gerichts, daß sich die Verhaltensweisen der Prozeßbeteiligten durch die Aufnahmen ändern können, und dies anders zu bewerten ist, als das Vorhandensein von Publikum im

---

[86] Wenzel, Das Recht der Wort- und Bildberichterstattung, 4. Aufl. 1995, Rdnr. 8.6.

Saal. Zu Recht weisen die Richter auch darauf hin, daß gerade durch die Aufzeichnung einzelner Abschnitte der Verhandlung diese aus dem Zusammenhang gerissen, und damit ein falsches Bild wiedergeben könnten. Zu begrüßen ist daher die Formulierung, daß „die insgesamt zu erwartenden Beeinträchtigungen bei einem Erlaß einer einstweiligen Anordnung irreparabel wären".

Bei der Abwägung beider Seiten überwiegt dann doch die Ansicht, keine einstweilige Anordnung zu erlassen. Zwei Punkte werden hier besonders herausgestellt: Das Persönlichkeitsrecht der Angeklagten und die Störung der Unbefangenheit aller Beteiligter für die Wahrheits- und Rechtsfindung.

Wobei bei letzterem das Schwergewicht auf mögliche Störungen der Kameras gelegt wird. Besondere Würdigung müßte dabei aber die immer wieder von Fernsehverantwortlichen aufgestellte Behauptung, Fernsehen sei heute für die Menschen so selbstverständlich geworden, so daß eine laufende Kamera zu keiner Änderung des Verhaltens der beteiligten Personen führt, finden. Woher diese Erkenntnis kommt, wird nicht belegt. Nach meinen Erfahrungen ist immer noch das Gegenteil der Fall. Sobald eine Kamera, ein Mikrophon vorhanden ist, ändert sich das Verhalten ganz deutlich[87]. Es wird im Hinblick auf den kurzen Moment, die 90 Sekunden-Sentenz formuliert. Es gibt schon Reden, bei denen von den Rednern für Journalisten Redeteile vorher mediengerecht markiert werden, um damit eine bestimmte Öffentlichkeitswirkung zu erzielen. Genau diese Gefahr besteht natürlich nicht nur auf Parteitagen, sondern auch in Gerichtssälen.

Nicht eingegangen wird auf die Frage, ob der Gesetzgeber nicht berechtigt war, die Fernseh- und Rundfunköffentlichkeit vom Verfahren auszuschließen. So ist das BVerfG selber[88] davon ausgegangen, daß die Vorschriften der §§ 169 GVG ff. allgemeine Gesetze im Sinne des Art. 5 Abs. 2 GG sind, durch die die Rechte aus Art. 5 Abs. 1 GG eingeschränkt werden können. Warum davon nun für § 169 S. 2 GVG abgewichen werden sollte, müßte der Senat besonders begründen. Dabei müßte dann auch überlegt werden, warum andere Vorschriften über den Ausschluß der Öffentlichkeit bestehen bleiben sollten. Hier liegt noch sehr viel rechts- und gesellschaftspolitischer Sprengstoff.

3. Ergebnis

Der Beschluß der 3. Kammer bedeutet noch kein Aufweichen des § 169 S. 2 GVG. Aber in der Abwägung der drei Richter sind Ansätze erkennbar, die gefährlich sind. Denn es sollte immer wieder die deutliche Frage

---

[87] S. dazu Hanfeld, F.A.Z. vom 13. 1. 1996, S.1.
[88] BVerfGE 50, 234 (241); bestätigt in BVerfG, NJW 1995, 184.

gestellt werden, ob wir Fernsehen und Rundfunk aus einer Hauptverhandlung, einer mündlichen Verhandlung benötigen. Etwas anderes mag
tatsächlich für das Bundesverfassungsgericht gelten. Nach meiner Auffassung allerdings auch nur für solche Verfahren, bei denen keine Privat-
personen beteiligt sind, sondern nur für Normenkontrollverfahren etc.
Hier ist der Sinn der nur entsprechenden Anwendung des GVG (§ 17
BVerfG) zu sehen, denn hier wird das Gericht besonders deutlich als
eigenständiges Verfassungsorgan und damit anders als „normale Gerichte", tätig. Das berechtigte Interesse an Bildern und an Tönen aus anderen Gerichtssälen kann anders verwirklicht werden und zwar durch
Aufnahmen außerhalb der Hauptverhandlung. Bilder aus dem Gerichtssaal, egal ob spektakulärer Prozeß oder Mietstreitigkeit vor dem Amt-
gericht, benötigen wir nicht[89].

---

[89] So die bisher überwiegende Meinung, s. nur Wolf, NJW 1994, 681; ders. ZRP 1994,
187; Töpper, DRiZ 1995, 242 (mit leichten Einschränkungen); Hamm, NJW 1995, 760
(761); Zuck, NJW 1995, 2082; zweifelnd wohl Gerhardt, ZRP 1993, 377 ff.

B. Anhang

Anhang 1: Tagesablauf eines Wirtschaftsredakteurs in der Zentrale

bis 10.00 Uhr	Eintreffen im Büro
bis 11.30 Uhr	– Durchsicht der Post
	– Überblick über andere Zeitungen
	– Telefonate
	– Vorbereiten aktueller Artikel
	– Recherche
	– Überblick über Agenturmeldungen
11.30 Uhr	Redaktionskonferenz (Themen des Tages/Glossen)
12.15 Uhr	Mittagessen
ab 12.45 Uhr	– Beiträge zum Tag
	– Redigieren/Gegenlesen von Artikeln
	– Nachfassen/Recherche
16.30 Uhr	„Deadline" für Artikel
17.00 Uhr	Redaktionsschluß
18.00 Uhr	Andruck der ersten Ausgabe (D I)
danach	Vorbereitung größerer Beiträge
bis 23.00 Uhr	Spätdienst zur Aktualisierung der später angedruckten Ausgaben (nicht täglich)

Anhang 2: Ablauf einer Pressekonferenz

A. Vorbereitung der Pressekonferenz

1. Einladung

- Zurückgreifen auf den hoffentlich bekannten Presseverteiler
- möglichst weit gestreute Einladung, um umfassend informieren zu können
- Redaktionen und bekannte Kollegen einladen, nicht auf bestimmten Journalisten bestehen
- bei kurzfristiger Terminierung: Einladung auf telefonischem Wege oder mit Telefax aussprechen
- auf die Wichtigkeit des Themas hinweisen, knappe Inhaltsangabe

2. Terminierung

- möglichst nicht am Wochenende
- beste Uhrzeit zwischen 10 und 12 Uhr
- möglichst zentraler Ort (gerade bei kurzfristigen Terminen)

3. Unterlagen vorbereiten
- Pressemitteilung formulieren
- Hintergrundinformationen (Bild/Videomaterial) bereitstellen

B. Vor Beginn der Pressekonferenz

1. Einrichten des Konferenzraumes
- Tische nicht zu eng stellen (Platz zum Schreiben)
- Schreibmaterialien für jeden Platz bereitlegen
- Empfangstisch (Erfassung der anwesenden Journalisten, Aushändigung der Informationsmappe)
- evtl. schon Extratisch mit Kaffee etc.
- Namensschilder (mit Vornamen) auf Rednertisch

2. Kontrolle der Kommunikationsmöglichkeiten
- Telefon (im Hotel etc. auf Freischaltung achten)
- Telefax
- Stromversorgung (für Fernsehteams)
- Dia- und/oder Overheadprojektor (Lesbarkeit auch in den hinteren Reihen bzw. Kopien in der Mappe)
- Mikrofone am Tisch und im Saal, wenn erforderlich

3. Begrüßung der Journalisten
- Anwesenheit der Gesprächspartner bereits vorher
- Begrüßung durch Pressesprecher und/oder Hauptredner
- Aushändigung der Pressemappe mit allen Unterlagen
- Erfassung der Anwesenheit, evtl. Namensschilder
- Möglichkeiten zum kurzen Vorabinterview schaffen (besonders wenn Informationen z. T. schon vorher bekannt)
- darauf achten, daß Fernsehteams nicht den anderen Journalisten das Sehen und Hören erschwert.

C. Ablauf der Pressekonferenz

1. Beginn
- möglichst pünktlicher Beginn im Interesse der bereits anwesenden Kollegen, die vielleicht einen weiteren Termin haben
- Beginn durch den Pressesprecher
- kurze Vorstellung der anwesenden Redner
- Hinweise auf den Ablauf der Konferenz
- Erstellung eines Sitzplanes, wenn nicht alle Anwesenden dem Hauptredner bzw. Konferenzleiter bekannt sind.

2. Hauptredner (ca. 20 bis 30 Minuten)
- kurze Einführung in das Thema (viele Kollegen werden kurzfristig entsandt)
- Verlesen bzw. freier Vortrag des Statements (Manuskript muß in der Mappe sein – Journalisten registrieren auch sehr genau die Abweichungen)
- nicht zu viele Zahlen verlesen, sondern lieber auf die Unterlagen verweisen
- bei Reaktionen (Unruhe, Gelächter) darauf, wenn möglich, eingehen

3. weitere Redner (max. 2, jeweils rund 5 Minuten)
- nur Ergänzungen zu dem Hauptredner (zum Beispiel: technische Abläufe, medizinische Auswirkungen, geplante Maßnahmen)

4. Fragen
- Koordination durch Pressesprecher
- namentliche Ansprache
- Aufteilung in Sachverhaltskomplexe
- zuerst Verständisfragen klären
- kurze Antworten
- wenn man nichts sagen will, auch dies klar sagen
- absolute Fachfragen evtl. nach der Konferenz beantworten
- auch Zwischenbemerkungen von Journalisten zulassen

D. Abschluß der Pressekonferenz

1. kurze Zusammenfassung durch den Pressesprecher

2. weitere Gestaltung
   - Hinweis auf Gesprächsmöglichkeiten
   - Essen oder Empfang (meist nur für nicht aktuell berichtende Kollegen)

E. Nacharbeit

1. Versenden der Unterlagen an die nicht anwesenden, aber angemeldeten Journalisten

2. Versenden der wesentlichsten Unterlagen über den normalen Presseverteiler

3. Beantwortung nicht geklärter Fragen sicherstellen

4. Für telefonische Nachfragen muß ein Ansprechpartner im Lauf des Nachmittags bereitstehen

5. auch für evtl. Interviewwünsche aufgrund von Agenturmeldungen sollte einer der Verantwortlichen erreichbar sein

Anhang 3: Regeln für eine gute Pressemitteilung

1. In einer guten Nachricht steht das Wichtigste vorn.
   - Entscheidend ist der gute – und zutreffende – Anfangssatz. Denn nur er wird – leider – in vielen Fällen gelesen.

2. Aufbau und Formulierung einer Pressemitteilung sind genauso wichtig wie ihr Inhalt.

3. Die Nachricht soll klar und verständlich sein
   - sie darf kein Vorwissen voraussetzen
   - sie muß – wenn nötig – die wichtigsten Begriffe und Daten im Anhang erläutern
   - weitere Hintergrundinformationen für genauere Berichterstattung.

4. Sie muß in gutem Deutsch formuliert sein.

5. Die Nachricht muß vollständig sein, d. h. sie muß die fünf journalistischen W's enthalten: Was? Wo? Wer? Wann? Warum?

6. Alle Angaben in einer Meldung müssen zuverlässig sein. Jede Nachricht soll eine Quelle (Unternehmen, Verband etc.) nennen.
   Meinungsäußerungen müssen jemanden zugeschrieben sein.

7. Zitate lockern die Nachricht auf. Die direkte Rede wirkt – inhaltlich und stilistisch – stärker als die indirekte Rede. Dabei genau denjenigen bezeichnen, der sich äußert (Vor- und Nachname, Alter, Funktion). Allerdings ist zuviel direkte Rede auch nicht erwünscht.

8. Die eigentliche Nachricht sollte im Umfang sehr knapp sein
   - an kurze Meldungen im Radio/Fernsehen denken
   - erster Absatz muß in sich verständlich sein
   - erst danach weitere Informationen

9. Die Nachricht sollte unparteiisch sein.

10. Kurze und prägnante Überschrift.

11. Genaue Namen und Adressen der Ansprechpartner
    - Vor- und Nachname
    - Telefon
    - Telefax